Rédactrice
Gisela Lee

Directrice de la rédaction
Karen Goldfluss, M.S. Ed.

Rédactrice en chef
Sharon Coan, M.S. Ed.

Illustration de la couverture
Barb Lorseyedi

Coordination artistique
Kevin Barnes

Direction artistique
CJae Froshay

Imagerie
Alfred Lau
James Edward Grace
Temo Parra

Chef de produit
Phil Garcia

Éditrices
Rachelle Cracchiolo, M.S. Ed.
Mary Dupuy Smith, M.S. Ed.

M... du temps

1re et 2e années

Auteurs
Le personnel de Teacher Created Materials
Texte français de Martine Faubert

Les éditions Scholastic

ISBN 0-439-97588-3

Titre original : Practice Makes Perfect - Time
Édition publiée par Les éditions Scholastic,
175 Hillmount Road, Markham (Ontario) L6C 1Z7,
avec la permission de Teacher Created Materials, Inc.
5 4 3 2 1 Imprimé aux États-Unis 03 04 05 06

Table des matières

Introduction

« C'est en forgeant qu'on devient forgeron. » On ne peut mieux dire, quand il s'agit des apprentissages que votre enfant doit faire à l'âge scolaire. Plus il fera d'exercices servant de compléments aux notions acquises à l'école, mieux il assimilera ces dernières. Il est donc important pour vous de savoir comment l'aider et d'avoir à votre disposition le matériel nécessaire. Il faut également que vous connaissiez les aspects sur lesquels insister si vous voulez que l'aide apportée à votre enfant lui soit vraiment bénéfique.

Ce cahicr d'exercices a été conçu pour les parents et les enseignants désireux d'accompagner les enfants dans leurs apprentissages de base. Il permet de passer en revue les notions de mathématiques apprises en 1re et 2e années et traite plus précisément de la mesure du temps. Comme il serait impossible de traiter dans un seul cahier de tous les concepts appris en 1re et 2e années, l'accent a été mis sur les notions ci-dessous, dont les exercices proposés favoriseront l'assimilation. Ce sont des notions de base généralement communes à tous les programmes d'enseignement de ce niveau. (Veuillez vous reporter à la table des matières pour connaître l'objectif visé par chacun des exercices.)

- Reconnaître la grande et la petite aiguille d'un cadran à aiguilles.
- Comprendre des problèmes énoncés en phrases.
- Calculer une durée.
- Comprendre un horaire.
- Lire l'heure sur un affichage numérique et sur un cadran à aiguilles en utilisant les expressions « et quart », « moins le quart » et « et demie ».
- Comprendre le calendrier.
- Faire la différence entre les heures du matin, de l'après-midi et du soir.

Ce cahier comporte 36 exercices, à raison d'un exercice par page, allant des notions les plus simples vers les plus complexes. Ils sont suivis de six exercices de révision, toujours à raison d'un exercice par page, comportant des problèmes à réponses multiples afin de préparer l'enfant à ce type de formulation, très courant dans les examens ministériels. Chaque fois qu'il aura terminé une page de ces exercices de révision, il devra reporter ses réponses sur la feuille-réponses de la page 46, en noircissant la lettre appropriée. Ensuite, à l'aide du corrigé des pages 47 et 48, vous pourrez corriger les exercices de révision, de même que les exercices progressifs qui les précèdent.

Quelques conseils

Voici quelques stratégies qui vous permettront de tirer le meilleur parti possible de ce cahier d'exercices.

- Déterminez un endroit précis de la maison où votre enfant devra s'installer pour faire ses exercices. Veillez à ce que tout y soit bien rangé, avec le matériel nécessaire à portée de la main.
- Déterminez un moment précis de la journée où il devra faire ses exercices afin de l'aider à fournir un travail régulier. Si ce n'est pas possible, essayez de trouver dans vos journées ou vos semaines des moments calmes, plus propices à un travail de réflexion.
- Veillez à ce que chaque séance de travail se déroule sur une note positive. Si vous sentez que l'atmosphère devient tendue et que vous ou votre enfant devenez irritables, suspendez la séance et reportez la suite à un moment plus propice.
- Au besoin, aidez votre enfant. S'il éprouve de la difficulté devant un exercice donné, montrez-lui comment il doit s'y prendre en faisant le premier problème avec lui.
- Corrigez les exercices au fur et à mesure que votre enfant termine une page. Cela l'aidera à mieux assimiler les notions.
- Laissez votre enfant écrire avec le genre de crayon qu'il préfère. Les exercices lui sembleront peut-être plus agréables à faire s'il utilise des crayons de couleur, par exemple.
- Essayez de détecter les notions sur lesquelles votre enfant bute. Donnez-lui alors le soutien nécessaire. Encouragez-le à avoir recours à des supports visuels. Le dessin ou la manipulation d'un cadran à aiguilles ou d'une montre à affichage numérique peuvent l'aider à mieux comprendre les notions plus complexes.
- Profitez des situations quotidiennes pour lui montrer l'utilité de ce qu'il est en train d'apprendre.

Exercice 1

Consigne : Écris l'heure dans le rectangle sous l'horloge. Choisis la bonne réponse parmi les heures écrites en chiffres au bas de la page.

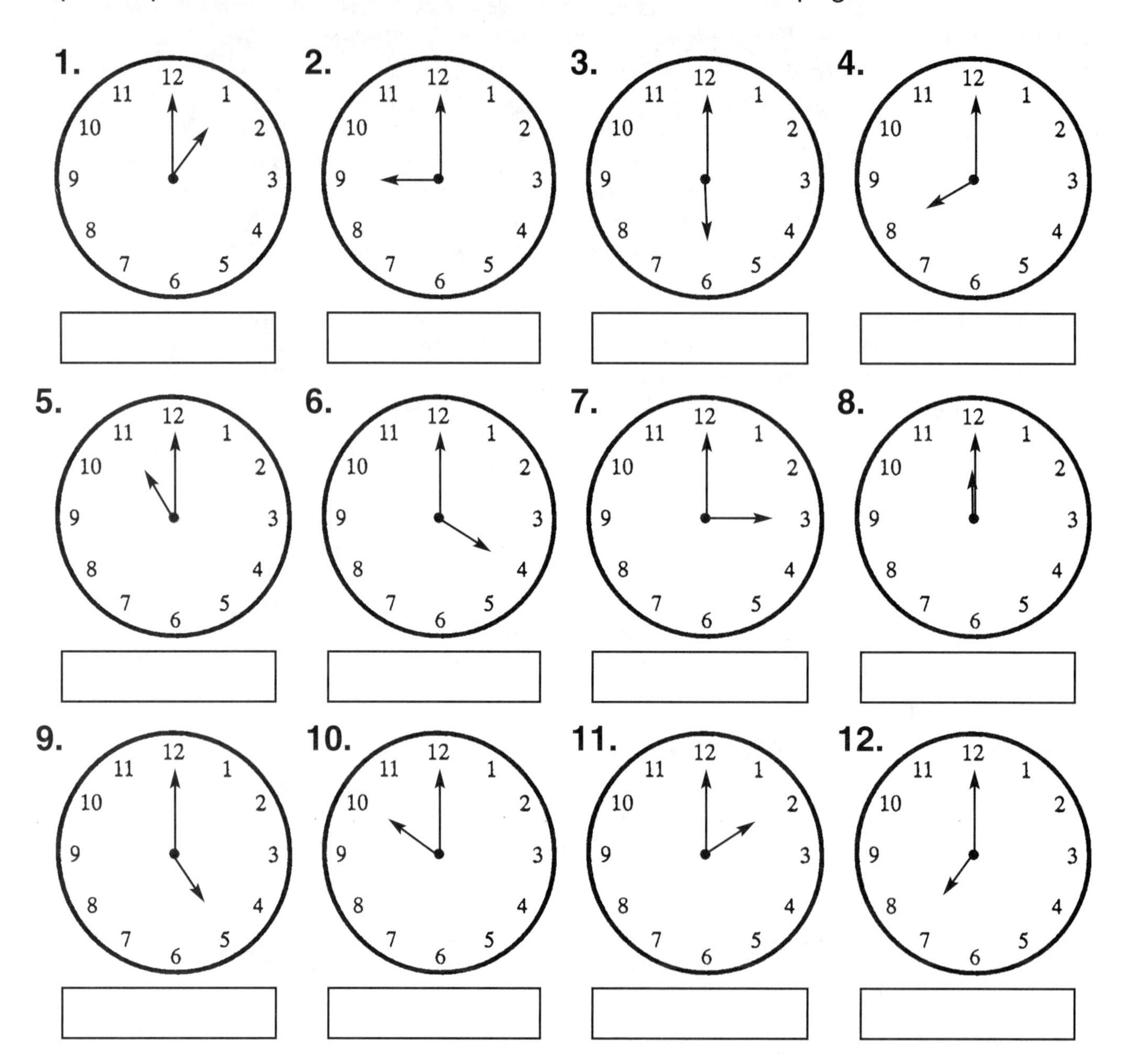

7 h	4 h	6 h	5 h
10 h	9 h	8 h	1 h
12 h	2 h	11 h	3 h

Exercice 2

1. Sur quel réveil la petite aiguille des *heures* indique-t-elle le 6?

A) 

B) 

C) 

D) 

---

2. Sur quel réveil la petite aiguille des *heures* indique-t-elle le 10?

(A) 

(B) 

(C) 

(D) 

Exercice 3

1. Quel réveil indique 8 h?

A)

B)

C)

D)

---

2. Quel réveil indique 3 h?

A)

B)

C)

D)

Exercice 4

1. Quel réveil indique 2 h?

A)

B)

C)

D)

2. Quel réveil indique 4 h?

A)

B)

C)

D)

Exercice 5

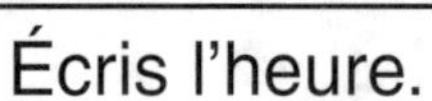

Écris l'heure.

_____________ h

Écris l'heure.

_____________ h

Écris l'heure.

_____________ h

Dessine les aiguilles comme elles sont quand tu te réveilles le matin.

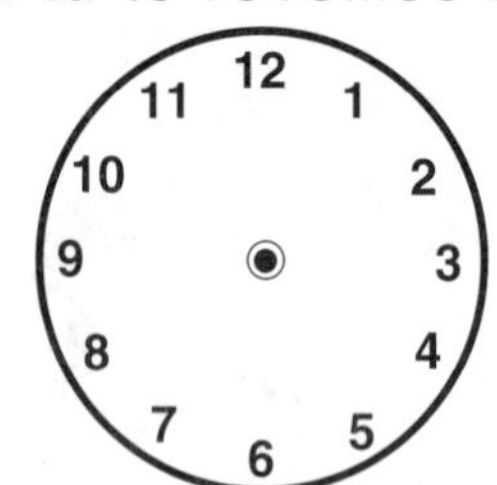

Dessine les aiguilles comme elles sont quand tu vas te coucher le soir.

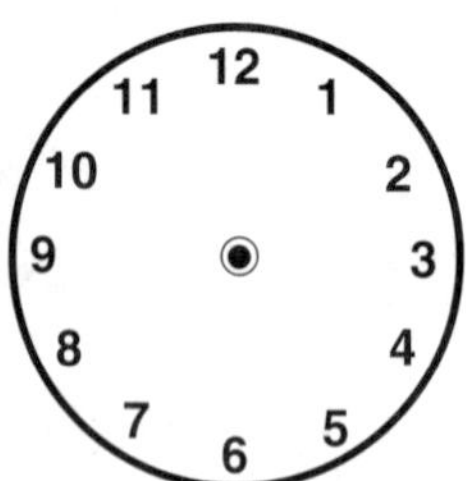

Dessine la grande et la petite aiguille.

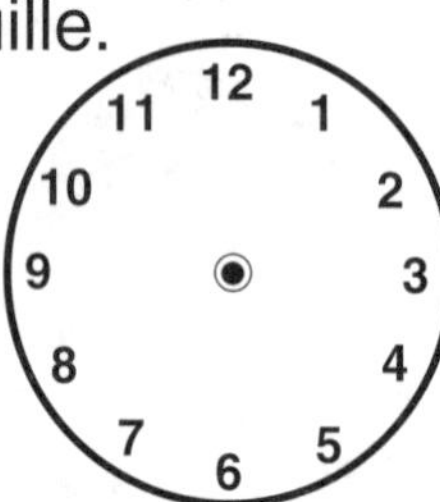

6 h

Dessine la grande et la petite aiguille.

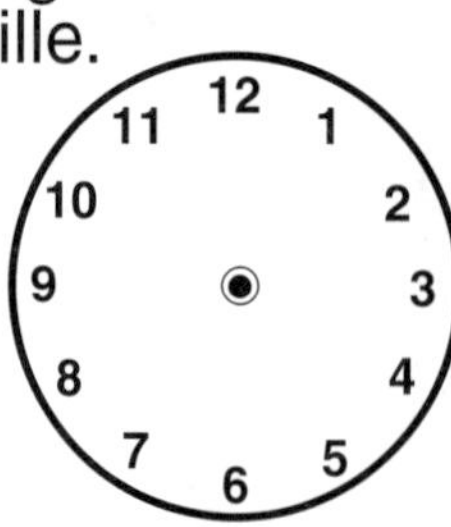

9 h

Dessine la grande et la petite aiguille.

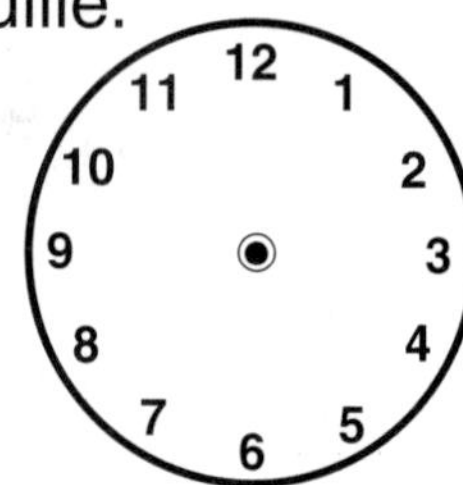

3 h

Dessine les aiguilles comme elles sont quand tu pars pour l'école le matin.

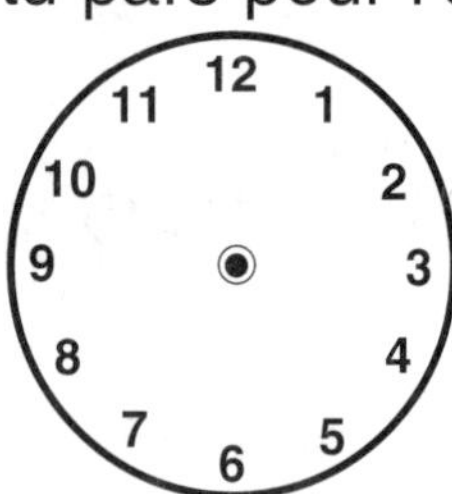

Dessine les aiguilles comme elles sont quand tu manges le midi.

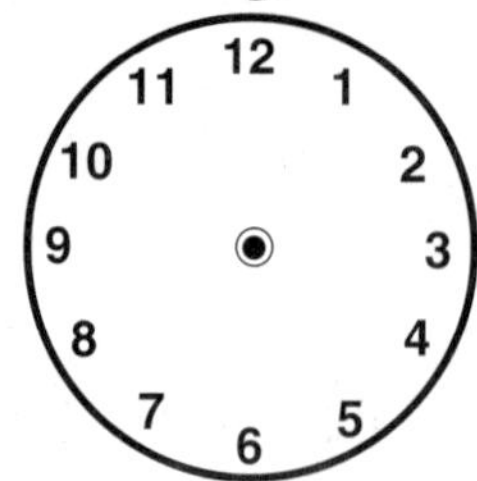

Exercice 6

1.

Quelle heure est-il?

____

2.

Quelle heure est-il?

____

3.

Quelle heure est-il?

____

4.

Quelle heure est-il?

____

5.

Quelle heure est-il?

____

6.

Quelle heure est-il?

____

Exercice 7

1.

Quelle heure est-il?

____

2.

Quelle heure est-il?

____

3.

Quelle heure est-il?

____

4.

Quelle heure est-il?

____

5.

Quelle heure est-il?

____

6.

Quelle heure est-il?

____

Exercice 8

1. Sur quel réveil l'aiguille des *minutes* indique-t-elle le 1?

A)

B)

C)

D)

---

2. Sur quel réveil l'aiguille des *minutes* indique-t-elle le 2?

A)

B)

C)

D)

Exercice 9

1. Sur quel réveil l'aiguille des *minutes* indique-t-elle le 11?

A)

B)

C)

D)

---

2. Sur quel réveil l'aiguille des *heures* indique-t-elle le 9?

A)

B)

C)

D)

Exercice 10

1.

L'aiguille des *minutes*

indique le ______.

2.

L'aiguille des *heures*

indique le ______.

3.

L'aiguille des *minutes*

indique le ______.

4.

L'aiguille des *heures*

indique le ______.

5.

L'aiguille des *minutes*

indique le ______.

6.

L'aiguille des *minutes*

indique le ______.

Exercice 11

1.

L'aiguille des *heures*

indique le ______.

2.

L'aiguille des *heures*

indique le ______.

3.

L'aiguille des *minutes*

indique le ______.

4.

L'aiguille des *minutes*

indique le ______.

5.

L'aiguille des *minutes*

indique le ______.

6.

L'aiguille des *minutes*

indique le ______.

Exercice 12

1.

Quelle heure est-il?

____

2.

Quelle heure est-il?

____

3.

Quelle heure est-il?

____

4.

Quelle heure est-il?

____

5.

Quelle heure est-il?

____

6.

Quelle heure est-il?

____

Exercice 13

1. Quelle heure le réveil indique-t-il?

A) 4 h 30 B) 4 h
C) 3 h 30 D) 3 h

2. Quelle heure le réveil indique-t-il?

A) 10 h B) 9 h 30
C) 10 h 30 D) 9 h

3. Quelle heure le réveil indique-t-il?

A) 10 h B) 11 h
C) 11 h 30 D) 10 h 30

4. Quelle heure le réveil indique-t-il?

A) 1 h B) 2 h 30
C) 1 h 30 D) 2 h

Exercice 14

1. Quelle heure le réveil indique-t-il?

A) 8 h B) 7 h 30
C) 8 h 30 D) 7 h

2. Quelle heure le réveil indique-t-il?

A) 6 h B) 5 h 30
C) 5 h D) 6 h 30

3. Quelle heure le réveil indique-t-il?

A) 12 h 30 B) 1 h 30
C) 1 h D) 12 h

4. Quelle heure le réveil indique-t-il?

A) 9 h 30 B) 7 h 30
C) 10 h 30 D) 8 h 30

Exercice 15

1.

Dessine les aiguilles du réveil pour qu'elles indiquent 11 h 30.

2.

Dessine les aiguilles du réveil pour qu'elles indiquent 4 h 30.

3.

Dessine les aiguilles du réveil pour qu'elles indiquent 1 h 30.

4.

Dessine les aiguilles du réveil pour qu'elles indiquent 10 h 30.

5.

Dessine les aiguilles du réveil pour qu'elles indiquent 3 h 30.

6.

Dessine les aiguilles du réveil pour qu'elles indiquent 9 h 30.

Exercice 16

1. Quelle heure est-il?

A) 2 h 6 B) 2 h 45
C) 6 h 2 D) 6 h 10

2. Quelle heure est-il?

A) 11 h 6 B) 11 h 15
C) 6 h 11 D) 6 h 55

3. Quelle heure est-il?

A) 6 h 35 B) 6 h 7
C) 7 h 15 D) 7 h 6

4. Quelle heure est-il?

A) 6 h 25 B) 5 h 6
C) 5 h 15 D) 6 h 5

Exercice 17

1. Quelle heure est-il?

A) 6 h 5 B) 5 h 45
C) 5 h 6 D) 6 h 25

2. Quelle heure est-il?

A) 1 h 15 B) 6 h 1
C) 1 h 6 D) 6 h 5

3. Quelle heure est-il?

A) 6 h 40 B) 8 h 6
C) 6 h 8 D) 8 h 15

4. Quelle heure est-il?

A) 6 h 10 B) 10 h 45
C) 6 h 50 D) 10 h 6

Exercice 18

1. Quelle heure est-il?

A) 6 h 12 B) 12 h 15
C) 6 h D) 12 h 6

2. Quelle heure est-il?

A) 6 h 7 B) 7 h 6
C) 6 h 35 D) 7 h 45

3. Quelle heure est-il?

A) 6 h 2 B) 2 h 6
C) 6 h 10 D) 2 h 15

4. Quelle heure est-il?

A) 11 h 45 B) 6 h 11
C) 11 h 6 D) 6 h 55

Exercice 19

1. Quelle heure est-il?

A) 10 heures et quart
B) 9 heures et quart
C) 10 heures moins le quart
D) 9 heures moins le quart

3. Quelle heure est-il?

A) 9 heures moins le quart
B) 8 heures et quart
C) 8 heures moins le quart
D) 9 heures et quart

2. Quelle heure est-il?

A) 11 heures et quart
B) 11 heures moins le quart
C) midi moins le quart
D) midi et quart

4. Quelle heure est-il?

A) 2 heures et quart
B) 1 heure et quart
C) 2 heures moins le quart
D) 1 heure moins le quart

Exercice 20

1. Quelle heure est-il?

A) midi moins le quart
B) 1 heure moins le quart
C) 1 heure et quart
D) midi et quart

2. Quelle heure est-il?

A) 4 heures moins le quart
B) 4 heures et quart
C) 5 heures et quart
D) 5 heures moins le quart

3. Quelle heure est-il?

A) 7 heures moins le quart
B) 6 heures moins le quart
C) 7 heures et quart
D) 6 heures et quart

4. Quelle heure est-il?

A) 8 heures moins le quart
B) 8 heures et quart
C) 9 heures et quart
D) 9 heures moins le quart

Exercice 21

1. Dessine les aiguilles pour qu'elles indiquent 5 h 45.

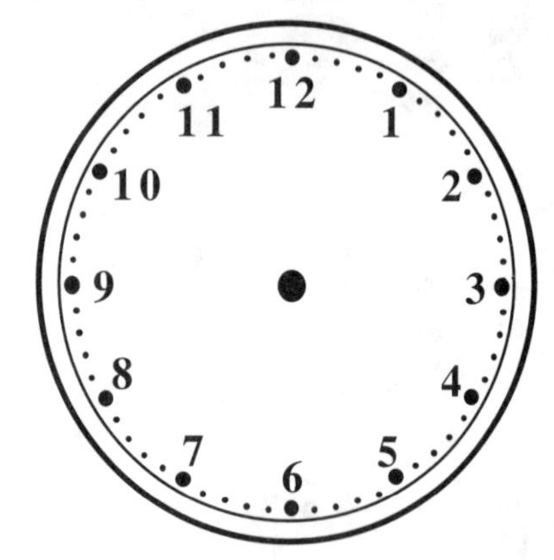

2. Dessine les aiguilles pour qu'elles indiquent 8 h 45.

3. Dessine les aiguilles pour qu'elles indiquent 7 h 15.

4. Dessine les aiguilles pour qu'elles indiquent 6 h 15.

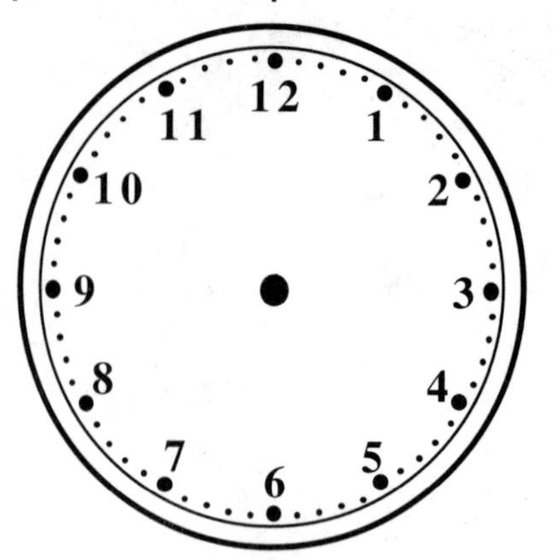

5. Dessine les aiguilles pour qu'elles indiquent 8 h 15.

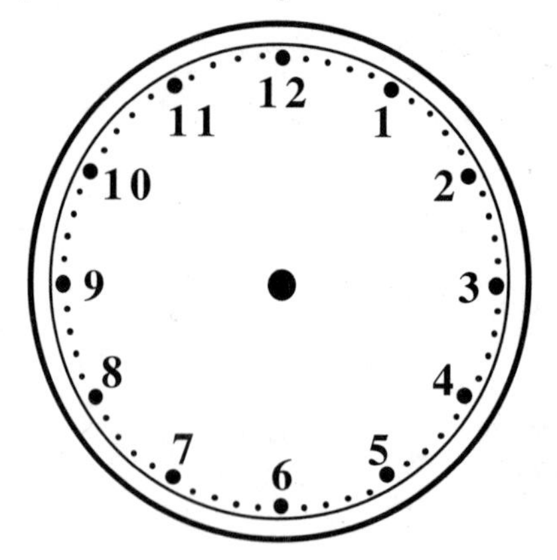

6. Dessine les aiguilles pour qu'elles indiquent 11 h 15.

Exercice 22

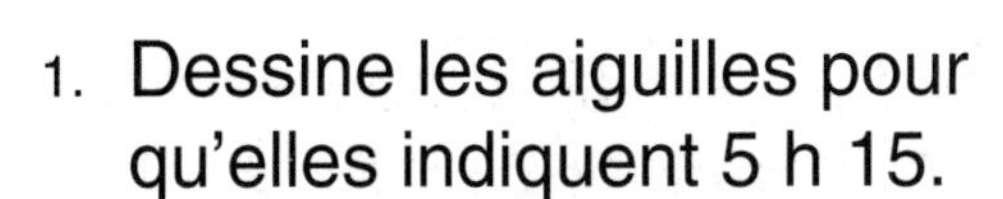

1. Dessine les aiguilles pour qu'elles indiquent 5 h 15.

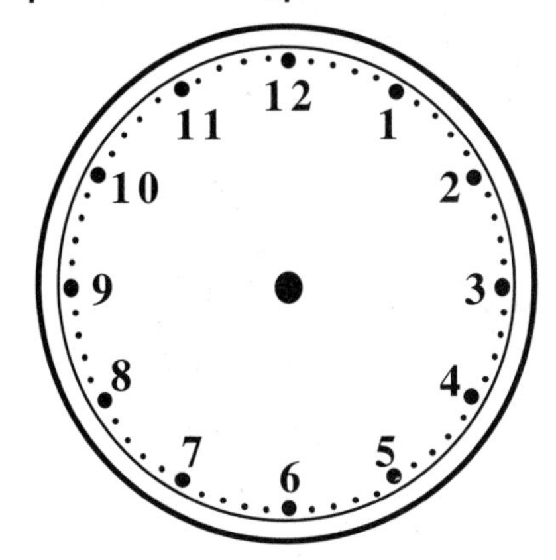

2. Dessine les aiguilles pour qu'elles indiquent 10 h 15.

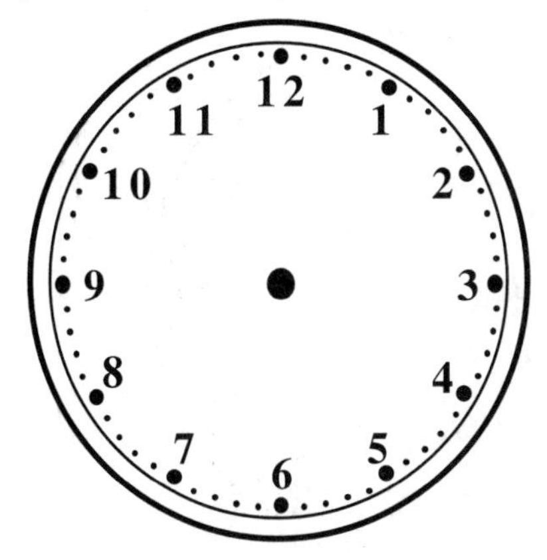

3. Dessine les aiguilles pour qu'elles indiquent 11 h 45.

4. Dessine les aiguilles pour qu'elles indiquent 9 h 45.

5. Dessine les aiguilles pour qu'elles indiquent 10 h 45.

6. Dessine les aiguilles pour qu'elles indiquent 9 h 15.

Exercice 23          

Consigne : Il y a 60 minutes dans une heure. Les nombres d'une horloge à cadran indiquent non seulement les heures, mais aussi les minutes. Il suffit de compter par 5 chaque fois que la grande aiguille passe un de ces nombres à partir du 12. Fais toi-même ce calcul et, sous chaque réveil, écris l'heure indiquée par les aiguilles.

1.

__ h __ __

2.

__ h __ __

3.

__ h __ __

4.

__ h __ __

5.

__ h __ __

6.

__ h __ __

Exercice 24

Consigne : Il y a 60 minutes dans une heure. Les nombres d'une horloge à cadran indiquent non seulement les heures, mais aussi les minutes. Il suffit de compter par 5 chaque fois que la grande aiguille passe un de ces nombres à partir du 12. Fais toi-même ce calcul et, sous chaque réveil, écris l'heure indiquée par les aiguilles.

1.

__ h __ __

2.

__ h __ __

3.

__ h __ __

4.

__ h __ __

5.

__ h __ __

6.

__ h __ __

Exercice 25

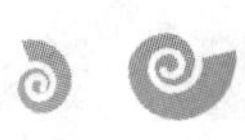         

1. Quelle heure est-il? ___________

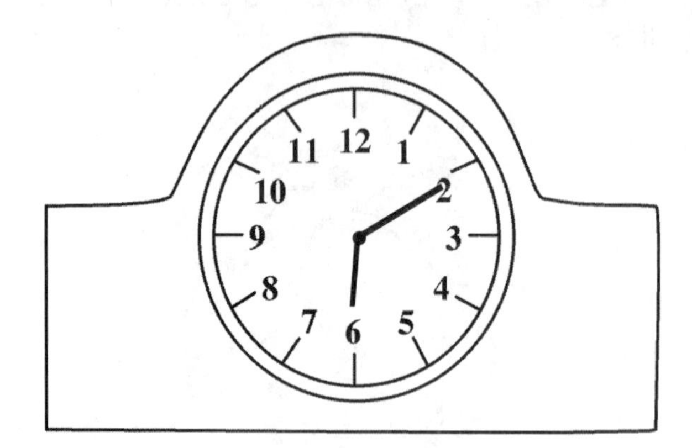

2. Quelle heure est-il? ___________

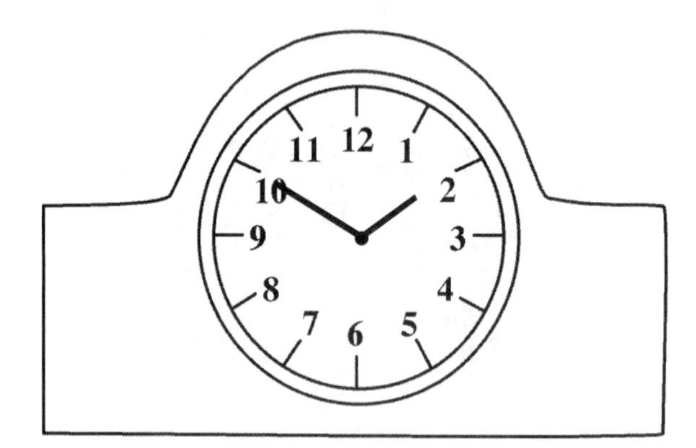

3. Quelle heure est-il? ___________

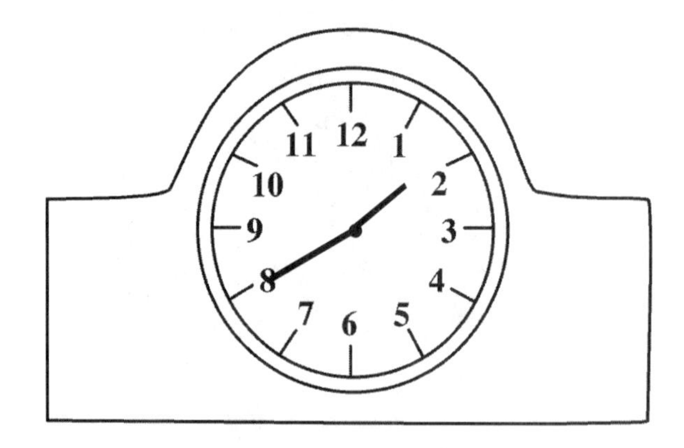

4. Quelle heure est-il? ___________

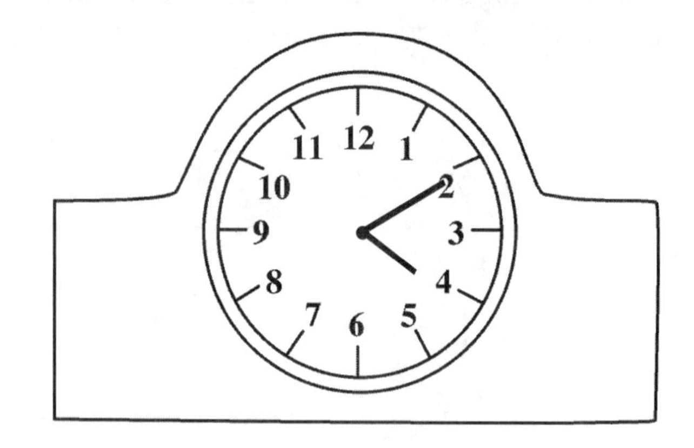

5. Quelle heure est-il? ___________

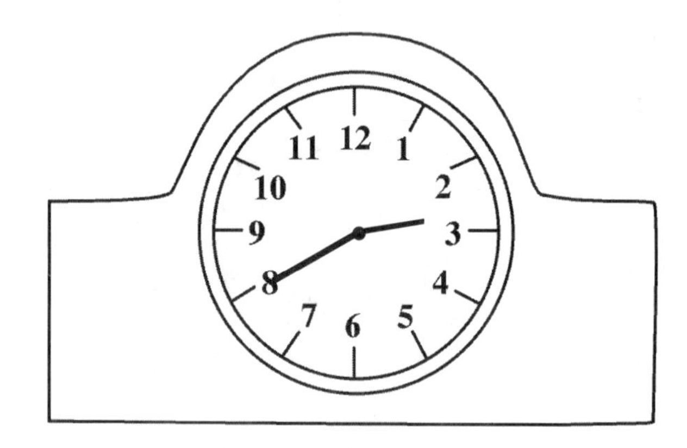

6. Quelle heure est-il? ___________

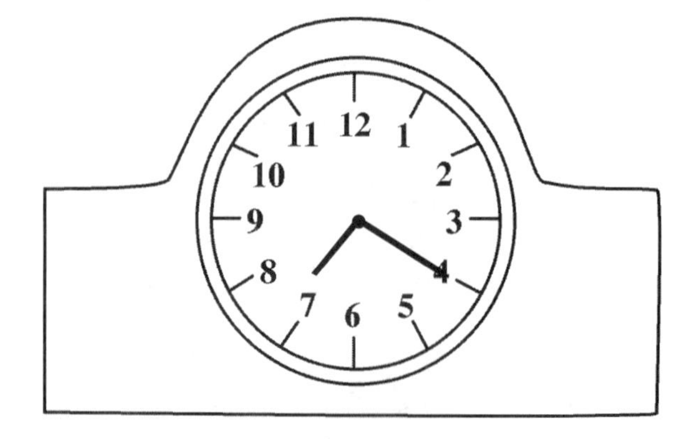

Exercice 26

1. Quelle heure est-il? __________

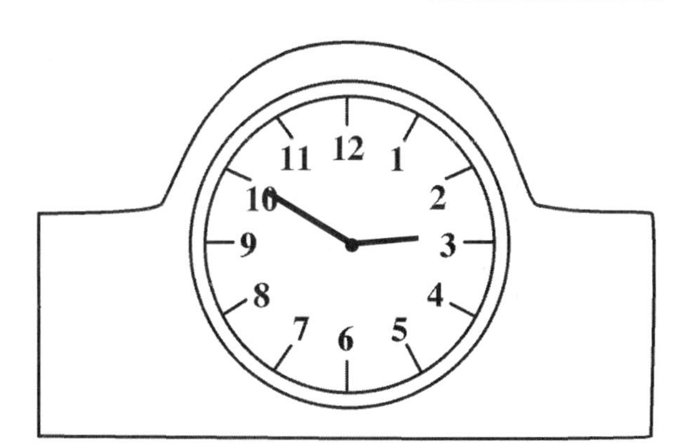

2. Quelle heure est-il? __________

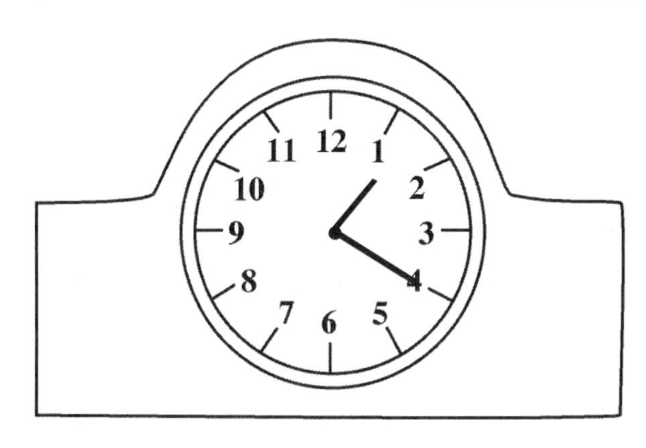

3. Quelle heure est-il? __________

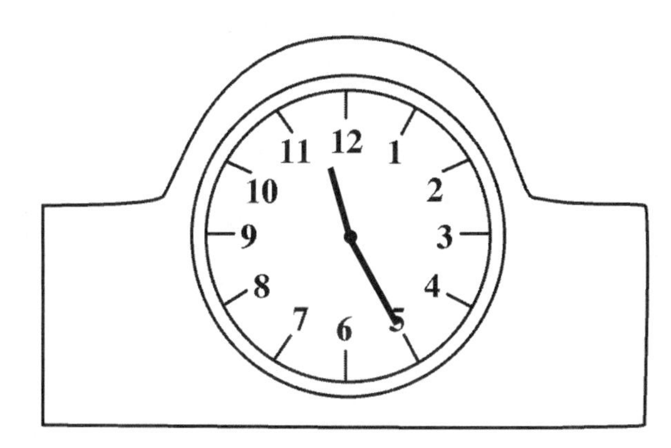

4. Quelle heure est-il? __________

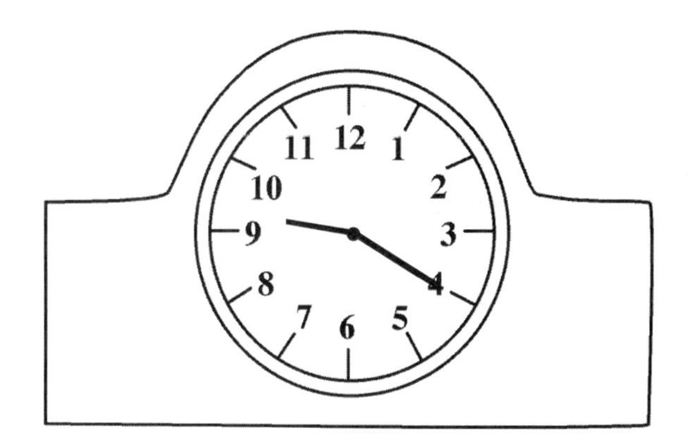

5. Quelle heure est-il? __________

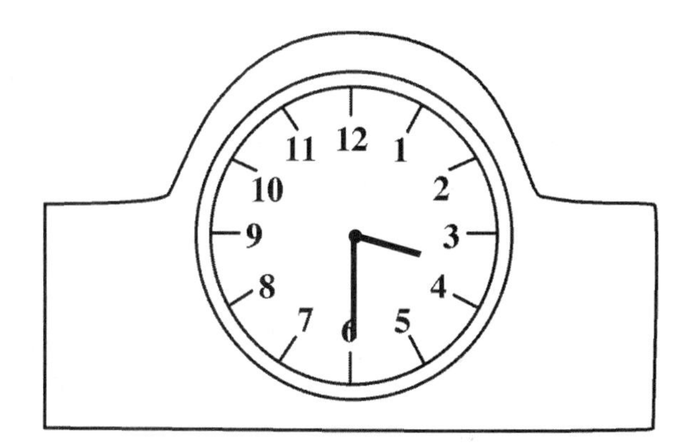

6. Quelle heure est-il? __________

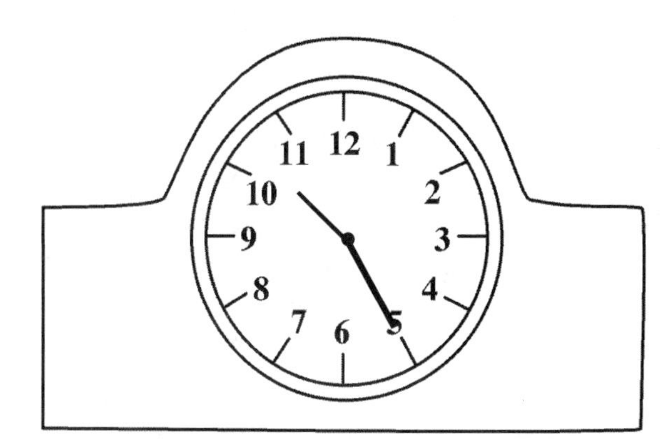

Exercice 27 

Arthur a un après-midi très chargé. Aide-le à organiser son horaire en écrivant dans les rectangles de droite l'heure indiquée par chaque horloge.

1. La maman d'Arthur vient le chercher à l'école à

Quelle heure est-il?

h

2. Il a rendez-vous chez l'optométriste à

Quelle heure est-il?

h

3. Le docteur Iris le fait entrer dans son bureau à

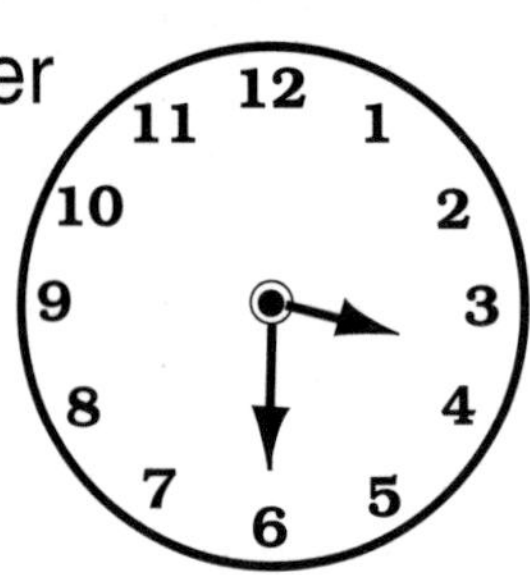

Quelle heure est-il?

h

4. Arthur et sa maman quittent le bureau du docteur Iris à

Ils arrivent au marché trente minutes plus tard.

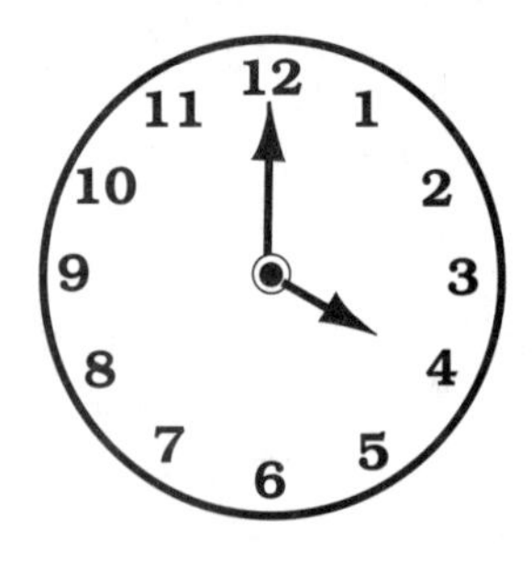

h

Quelle heure est-il?

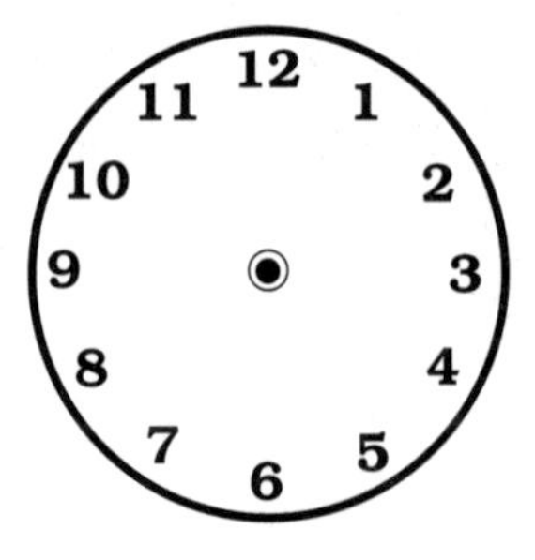

h

Exercice 28

1. Ajoute l'expression « du matin » ou « du soir » pour préciser l'heure ci-dessous.

   Laura va se coucher pour la nuit à 8 h ______ (20 h).

2. Ajoute l'expression « du matin » ou « du soir » pour préciser l'heure ci-dessous.

   Pierre mange son dîner à 11 h 30 ______ .

3. Ajoute l'expression « du matin » ou « du soir » pour préciser l'heure ci-dessous.

   Loulou le hibou se réveille en pleine nuit à 3 h ______ .

4. Ajoute l'expression « du matin » ou « du soir » pour préciser l'heure ci-dessous.

   Clara prend son bain avant d'aller se coucher à 7 h ______ (19 h).

5. Combien d'heures se sont écoulées?

   ______ heures se sont écoulées.

6. Combien d'heures se sont écoulées?

   ______ heures se sont écoulées.

7. Josiane s'est placée au bout d'une file d'attente à 16 h. Elle a dû attendre son tour pendant 15 minutes. À quelle heure son tour est-il arrivé?

8. Damien avait rendez-vous chez le dentiste à 15 h 10. Il en est ressorti 20 minutes plus tard. À quelle heure Damien a-t-il quitté le bureau du dentiste?

Exercice 29

Un tableau pictographique est un tableau où des éléments d'information sont représentés sous forme de dessins plutôt que de nombres.

Voici un tableau pictographique représentant le nombre de livres usagés reçus pendant chaque tranche de deux heures, au cours d'une journée de classe consacrée à la collecte de livres usagés.

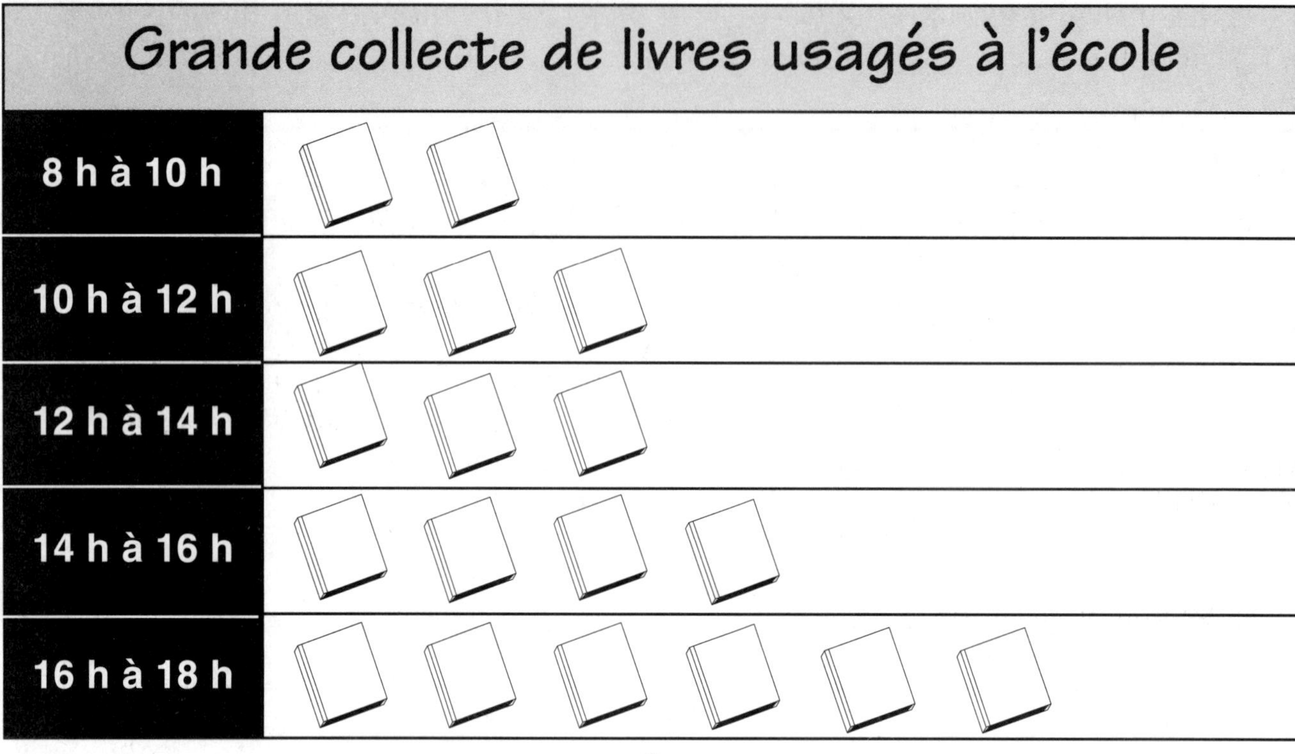

Équivalence : [livre] = 5 livres

1. Durant quelle période de deux heures a-t-on reçu le plus de livres?
   ____
2. Quel est le nombre total de livres reçus entre 10 h et 12 h? ____________
3. Durant quelle période de deux heures a-t-on reçu le moins de livres?
   ____
4. Quelles sont les deux périodes de la journée durant lesquelles on a reçu le même nombre de livres? ____________ ____________
5. Combien de livres a-t-on reçus au total entre 8 h et 12 h? ____________

Exercice 30

Consigne : Lis la question et écris ta réponse sur la ligne.

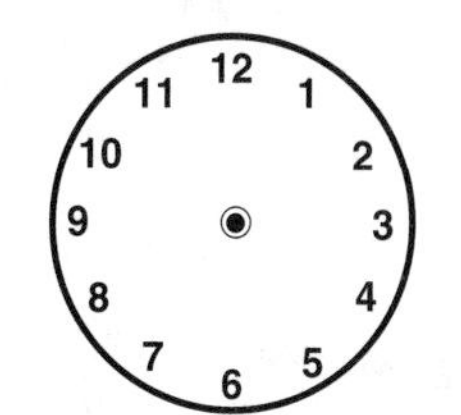

1. Nathan doit travailler à ses devoirs pendant 15 minutes. S'il commence à 18 h 30, à quelle heure aura-t-il fini? ____________________

2. Catou se promène à bicyclette pendant une demi-heure. Si elle s'arrête à 12 h 45, à quelle heure a-t-elle commencé? ____________________

3. Zach lit pendant 15 minutes le matin, 40 minutes l'après-midi et 20 minutes avant de se coucher. Combien de temps lit-il au total dans sa journée? ____________________

4. Maman dépose Jessica chez son amie Monique à 13 h. Elle lui promet de passer la reprendre dans 3 heures. À quelle heure doit-elle revenir? ____________________

5. Éric fait cuire des biscuits aux brisures de chocolat. Il les met au four à 14 h 15. Dans la recette, on dit de les faire cuire pendant 15 minutes. Quand doit-il les sortir du four? ____________________

6. L'émission de télévision préférée de Dany dure une heure. Si elle commence à 19 h 30, à quelle heure se termine-t-elle? ____________________

7. Tara va au service de garde après l'école. Si elle y arrive à 15 h 30 et que son père vient la chercher à 18 h, combien de temps passe-t-elle au service de garde? ____________________

Exercice 31

Consigne : À l'aide du calendrier, réponds aux questions ci-dessous.

Février

Dimanche	Lundi	Mardi	Mercredi	Jeudi	Vendredi	Samedi
			1	2	3	4
5	6	7	8	9	10	11
12	13	14	15	16	17	18
19	20	21	22	23	24	25
26	27	28	29			

1. Mathieu prévoit aller au cinéma avec son ami David le 4 février.
   Quel jour de la semaine iront-ils au cinéma? ____________

2. Karine doit rencontrer son club de lecture le troisième jeudi de février.
   À quelle date aura lieu cette réunion? ____________

3. Samantha a un cours d'éducation physique tous les mardis.
   Combien de cours aura-t-elle pendant le mois de février? ____________

4. Éric prévoit passer une semaine chez sa grand-mère. S'il arrive
   chez elle le 13 février, quel jour de la semaine et
   à quelle date repartira-t-il de chez elle? ____________ ____________

5. Loïc doit participer à une partie de basketball le dernier mercredi du mois.
   À quelle date aura lieu sa partie? ____________

Exercice 32

1. Quel jour de la semaine le 14 mars tombe-t-il?

MARS						
DIM	LUN	MAR	MER	JEU	VEN	SAM
1	2	3	4	5	6	7
8	9	10	11	12	13	14
15	16	17	18	19	20	21
22	23	24	25	26	27	28
29	30	31				

A) mercredi B) jeudi C) samedi D) lundi

---

2. Quel jour de la semaine le 17 septembre tombe-t-il?

SEPTEMBRE						
DIM	LUN	MAR	MER	JEU	VEN	SAM
			1	2	3	4
5	6	7	8	9	10	11
12	13	14	15	16	17	18
19	20	21	22	23	24	25
26	27	28	29	30		

A) mardi B) samedi C) dimanche D) vendredi

Exercice 33

1.

Septembre						
Dimanche	Lundi	Mardi	Mercredi	Jeudi	Vendredi	Samedi
	1	2	3	4	5	6
7	8	9	10	11	12	13
14	15	16	17	18	19	20
21	22	23	24	25	26	27
28	29	30				

Laquelle de ces dates tombe un mercredi?

A) le 11 septembre
B) le 3 septembre
C) le 19 septembre
D) le 16 septembre

2.

Octobre						
Dimanche	Lundi	Mardi	Mercredi	Jeudi	Vendredi	Samedi
	1	2	3	4	5	6
7	8	9	10	11	12	13
14	15	16	17	18	19	20
21	22	23	24	25	26	27
28	29	30	31			

Laquelle de ces dates tombe un dimanche?

A) le 3 octobre
B) le 28 octobre
C) le 2 octobre
D) le 13 octobre

Exercice 34

1. Regarde bien les deux réveils.

   Le deuxième indique une heure plus tardive que le premier.

   Combien d'heures de plus que le premier le deuxième réveil indique-t-il?

A) 3 heures de plus B) 2 heures de plus

C) 4 heures de plus D) 1 heure de plus

---

2. Regarde bien les deux réveils.

   Le deuxième indique une heure plus tardive que le premier.

   Combien d'heures de plus que le premier le deuxième réveil indique-t-il?

A) 3 heures de plus B) 1 heure de plus

C) 4 heures de plus D) 2 heures de plus

Exercice 35

1. Regarde bien les deux réveils.

   Le deuxième indique une heure plus tardive que le premier.

   Combien d'heures de plus que le premier le deuxième réveil indique-t-il?

A) 4 heures de plus B) 1 heure de plus

C) 3 heures de plus D) 2 heures de plus

---

2. Regarde bien les deux réveils.

   Le deuxième indique une heure plus tardive que le premier.

   Combien d'heures de plus que le premier le deuxième réveil indique-t-il?

A) 3 heures de plus B) 4 heures de plus

C) 1 heure de plus D) 2 heures de plus

Exercice 36             

Consigne : Lis attentivement chaque phrase. Souligne l'expression « du matin », « de l'après-midi » ou « du soir » qui convient à chaque cas.

1. Yann prend son déjeuner à 7 h

du matin.
du soir.

2. Gaëlle fait ses devoirs à 4 h

du matin.
de l'après-midi.

3. Romain met la table pour le souper à 5 h

du matin.
de l'après-midi.

4. Sabrina revient de l'école à 3 h

du matin.
de l'après-midi.

5. Pablo joue au parc à 2 h

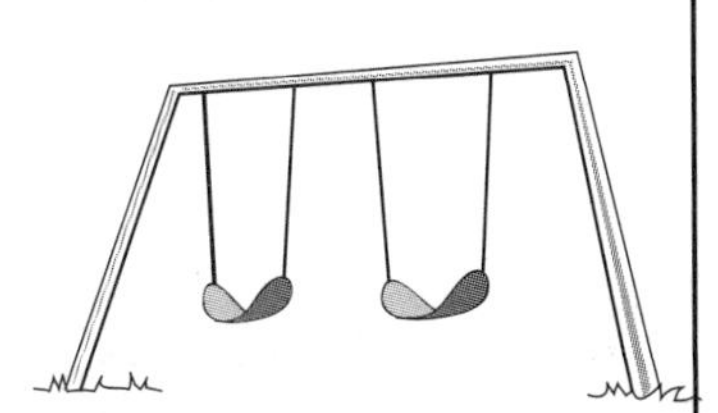

du matin.
de l'après-midi.

6. Éva regarde les émissions de dessins animés le samedi à 9 h

du matin.
du soir.

7. Cédric prend son bain avant de se coucher, à 8 h

du matin.
du soir.

8. Les jours de la semaine, Laurie se réveille à 6 h

du matin.
du soir.

Exercice de révision 1

Quelle heure chaque horloge indique-t-elle?

1.

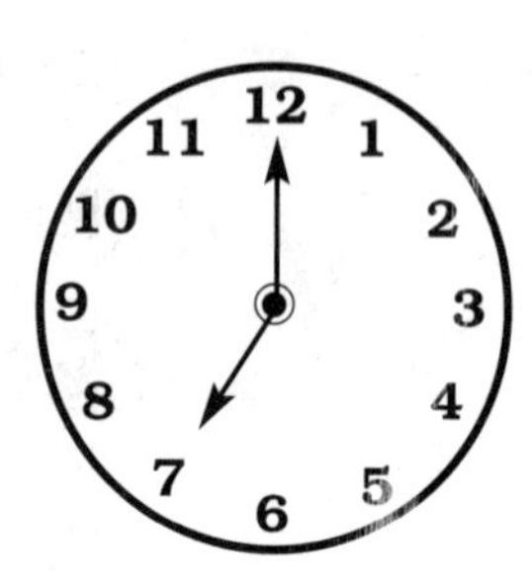

Ⓐ 7 h
Ⓑ 6 h
Ⓒ 5 h
Ⓓ 4 h

2.

Ⓐ 1 h
Ⓑ 11 h
Ⓒ 12 h
Ⓓ 10 h

3.

Ⓐ 8 h
Ⓑ 9 h
Ⓒ 10 h
Ⓓ 11 h

4.

Ⓐ 3 h
Ⓑ 4 h
Ⓒ 5 h
Ⓓ 6 h

5.

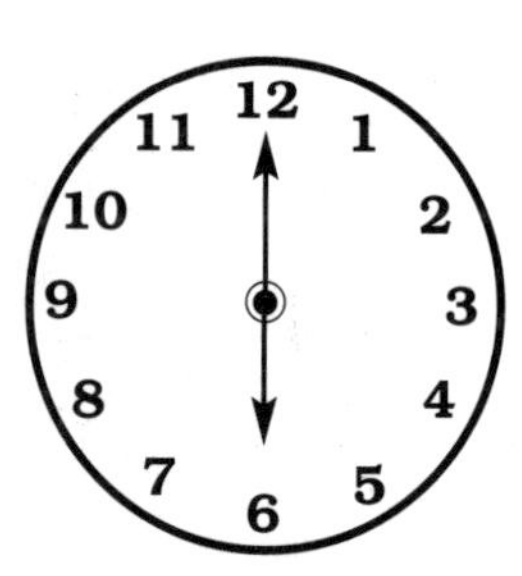

Ⓐ 6 h
Ⓑ 7 h
Ⓒ 9 h
Ⓓ 8 h

6.

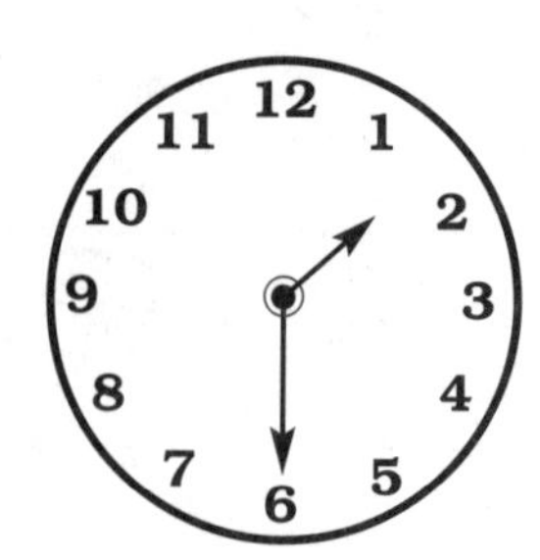

Ⓐ 12 h
Ⓑ 1 h 30
Ⓒ 11 h
Ⓓ 2 h 30

7.

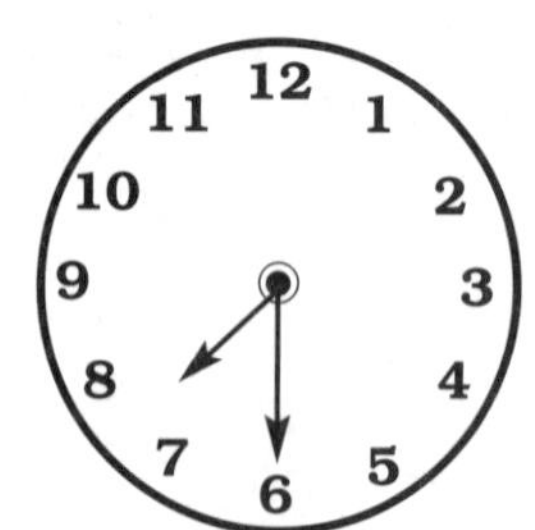

Ⓐ 6 h 30
Ⓑ 8 h 30
Ⓒ 9 h 30
Ⓓ 7 h 30

8.

Ⓐ 4 h 30
Ⓑ 12 h 30
Ⓒ 6 h 30
Ⓓ 10 h 30

9.

Ⓐ 10 h 30
Ⓑ 7 h 30
Ⓒ 4 h 30
Ⓓ 9 h 30

10.

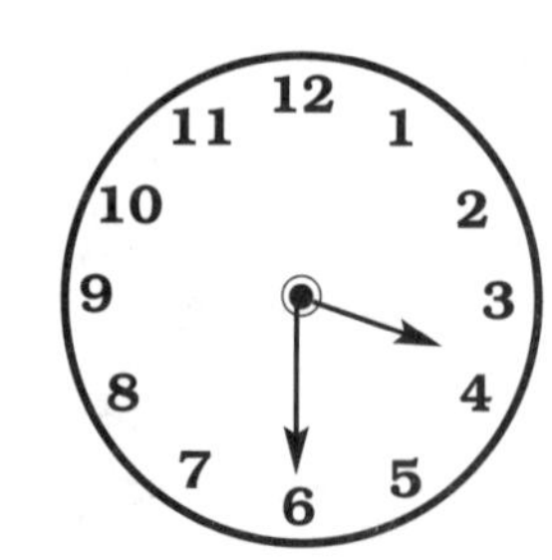

Ⓐ 4 h 30
Ⓑ 3 h 30
Ⓒ 5 h 30
Ⓓ 6 h 30

Exercice de révision 2

Quelle heure chaque horloge indique-t-elle?

1.

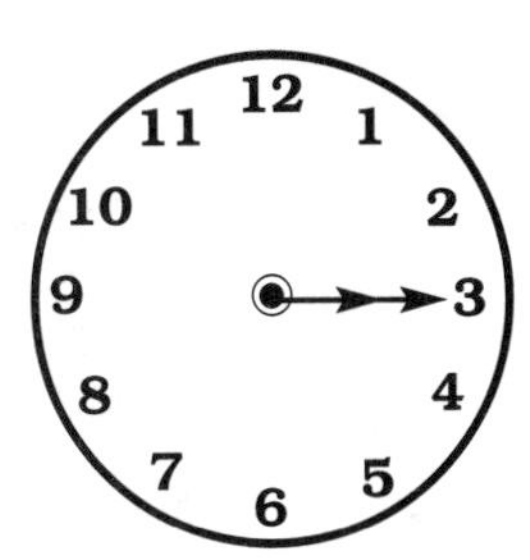

Ⓐ 4 h 15
Ⓑ 3 h 15
Ⓒ 6 h 15
Ⓓ 5 h 15

2.

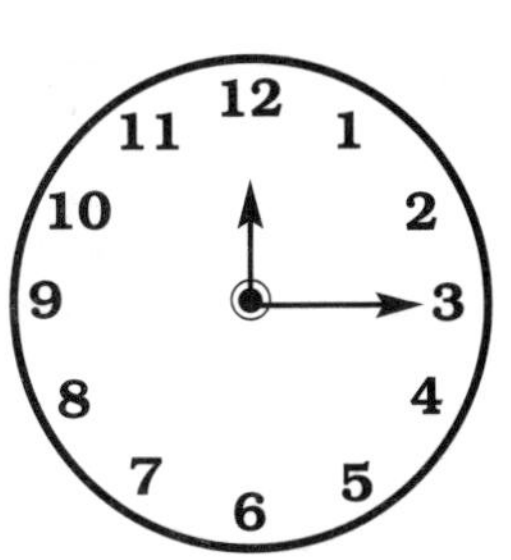

Ⓐ 5 h 45
Ⓑ 4 h 45
Ⓒ 6 h 45
Ⓓ 7 h 45

3.

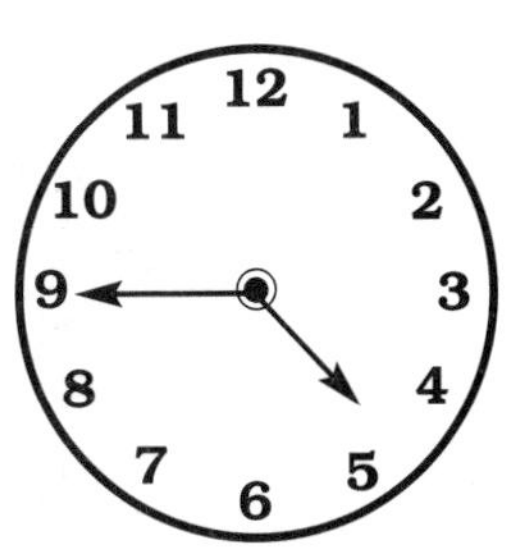

Ⓐ 11 h 15
Ⓑ 12 h 15
Ⓒ 11 h 20
Ⓓ 12 h 20

4.

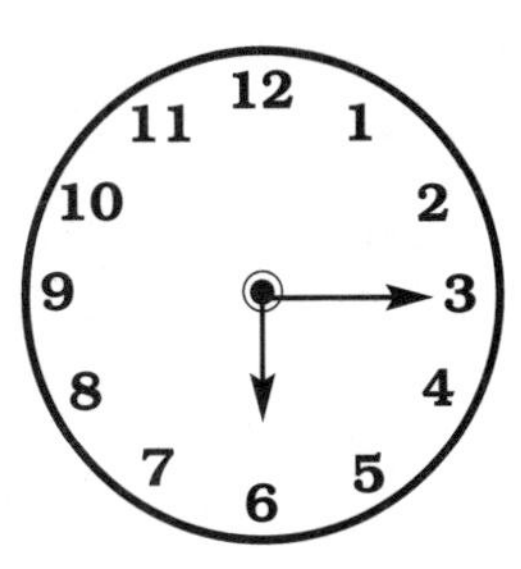

Ⓐ 6 h 30
Ⓑ 6 h 45
Ⓒ 6 h 15
Ⓓ 6 h

5.

Ⓐ 8 h 50
Ⓑ 9 h
Ⓒ 8 h 45
Ⓓ 9 h 15

6.

Ⓐ 12 h
Ⓑ 12 h 05
Ⓒ 12 h 10
Ⓓ 12 h 15

7.

Ⓐ 10 h
Ⓑ 10 h 15
Ⓒ 10 h 30
Ⓓ 10 h 40

8.

Ⓐ 6 h
Ⓑ 6 h 20
Ⓒ 6 h 40
Ⓓ 6 h 30

9.

Ⓐ 8 h 15
Ⓑ 8 h 20
Ⓒ 8 h 10
Ⓓ 8 h 25

10.

Ⓐ 10 h 50
Ⓑ 10 h 40
Ⓒ 11 h
Ⓓ 11 h 10

Exercice de révision 3

Quelle heure chaque horloge indique-t-elle?

1.

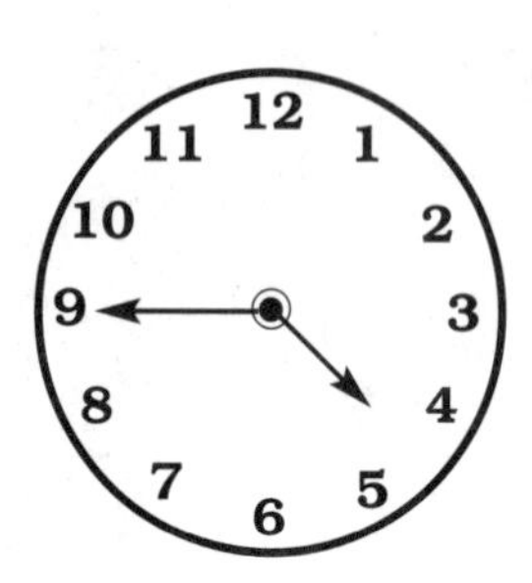

Ⓐ 4 h 20
Ⓑ 4 h 45
Ⓒ 4 h 30
Ⓓ 4 h 35

2.

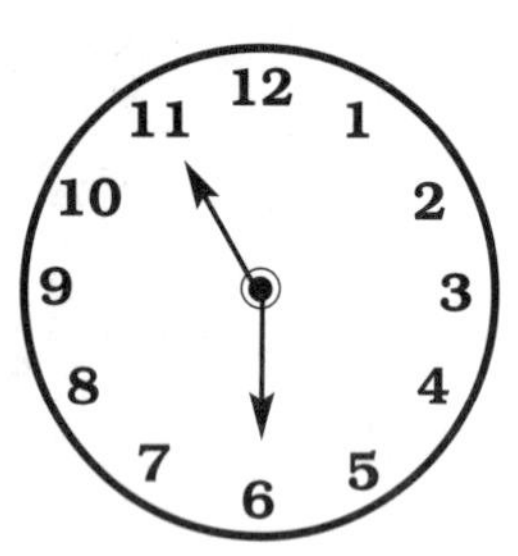

Ⓐ 5 h 45
Ⓑ 5 h 50
Ⓒ 5 h 55
Ⓓ 6 h

3.

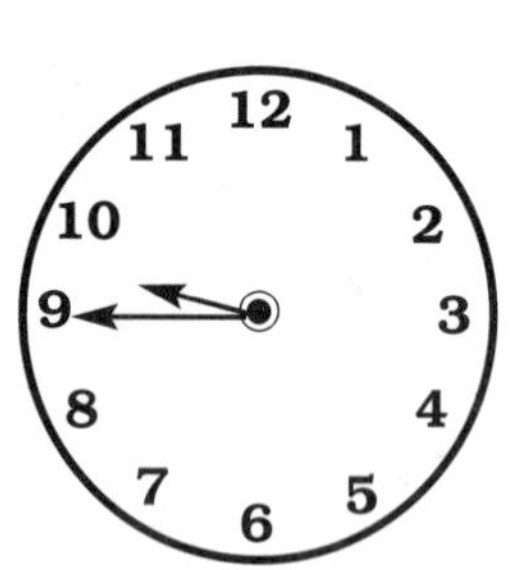

Ⓐ 9 h 40
Ⓑ 9 h 30
Ⓒ 9 h 50
Ⓓ 9 h 45

4.

Ⓐ 8 h
Ⓑ 8 h 10
Ⓒ 8 h 5
Ⓓ 8 h 15

5.

Ⓐ 10 h 30
Ⓑ 10 h 40
Ⓒ 10 h 45
Ⓓ 10 h 35

6.

Ⓐ 11 h 20
Ⓑ 11 h 30
Ⓒ 11 h 25
Ⓓ 11 h 35

7.

Ⓐ 8 h 40
Ⓑ 8 h 30
Ⓒ 8 h 50
Ⓓ 8 h 20

8.

Ⓐ 1 h 40
Ⓑ 2 h 40
Ⓒ 1 h 45
Ⓓ 2 h 45

9.

Ⓐ 10 h
Ⓑ 10 h 10
Ⓒ 10 h 15
Ⓓ 10 h 5

10.

Ⓐ 8 h
Ⓑ 7 h 55
Ⓒ 7 h 50
Ⓓ 8 h 5

Exercice de révision 4

Combien de temps s'est écoulé entre les deux moments indiqués par chaque paire d'horloges?

1.

Ⓐ 2 heures
Ⓑ 3 heures
Ⓒ 4 heures
Ⓓ 5 heures

2.

Ⓐ 5 heures
Ⓑ 4 heures
Ⓒ 3 heures
Ⓓ 2 heures

3.

Ⓐ 5 heures
Ⓑ 4 heures
Ⓒ 6 heures
Ⓓ 3 heures

4.

Ⓐ 4 heures
Ⓑ 3 heures
Ⓒ 5 heures
Ⓓ 6 heures

5.

Ⓐ 5 heures
Ⓑ 4 heures
Ⓒ 3 heures
Ⓓ 2 heures

6.

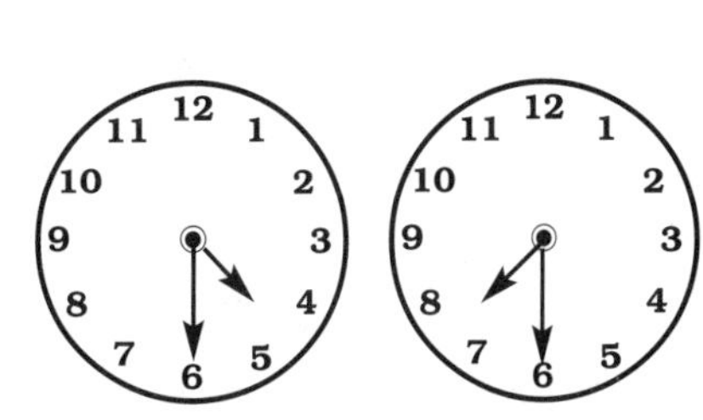

Ⓐ 4 heures
Ⓑ 2 heures
Ⓒ 3 heures
Ⓓ 5 heures

7.

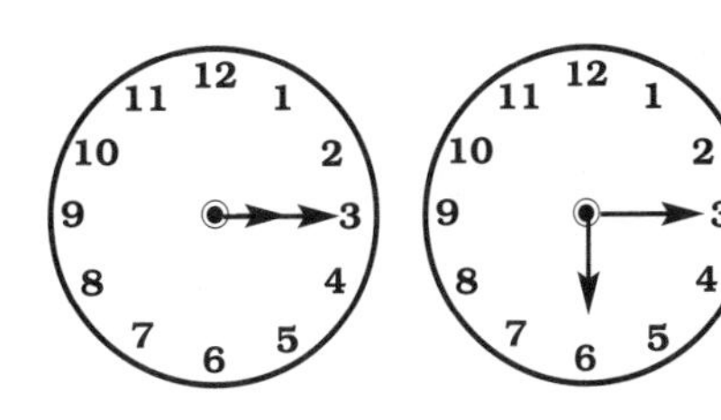

Ⓐ 3 heures
Ⓑ 4 heures
Ⓒ 2 heures
Ⓓ 1 heure

8.

Ⓐ 6 heures
Ⓑ 1 heure
Ⓒ 2 heures
Ⓓ 3 heures

9.

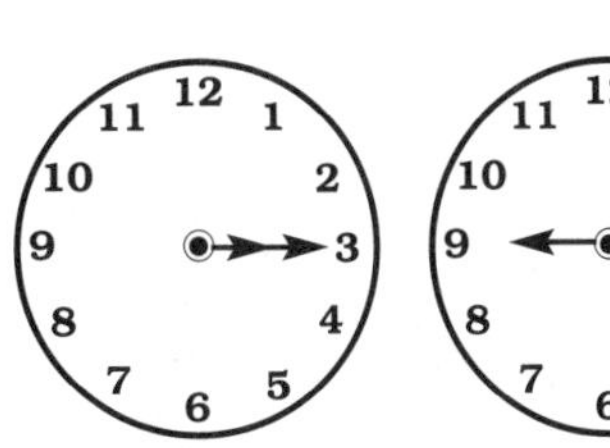

Ⓐ 6 heures
Ⓑ 7 heures
Ⓒ 10 heures
Ⓓ 12 heures

10.

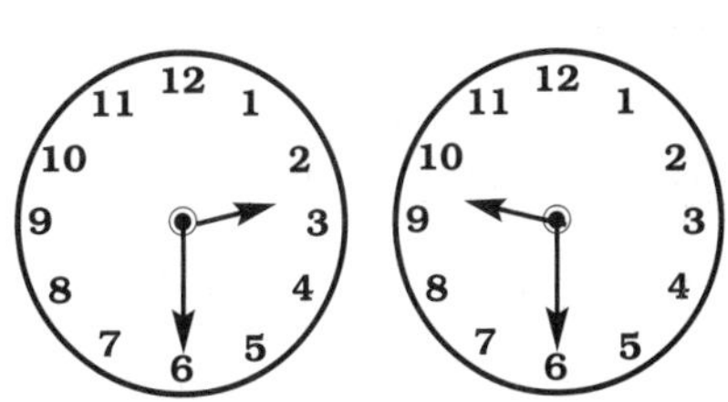

Ⓐ 7 heures
Ⓑ 8 heures
Ⓒ 6 heures
Ⓓ 5 heures

Exercice de révision 5

Réponds aux dix questions ci-dessous.

1. 1 minute = ___ secondes
   - (A) 60
   - (B) 50
   - (C) 40
   - (D) 30

2. 1 heure = ___ minutes
   - (A) 30
   - (B) 60
   - (C) 20
   - (D) 100

3. 1 jour = ___ heures
   - (A) 36
   - (B) 48
   - (C) 24
   - (D) 12

4. 1 semaine = ___ jours
   - (A) 10
   - (B) 7
   - (C) 5
   - (D) 4

5. 1 décennie = ___ années
   - (A) 10
   - (B) 12
   - (C) 6
   - (D) 9

6. Quel jour vient après lundi?
   - (A) Mardi
   - (B) Mercredi
   - (C) Samedi
   - (D) Dimanche

7. Quel jour vient après mardi?
   - (A) Jeudi
   - (B) Vendredi
   - (C) Mercredi
   - (D) Lundi

8. Quel jour vient après vendredi?
   - (A) Mardi
   - (B) Samedi
   - (C) Jeudi
   - (D) Dimanche

9. Quel jour vient après samedi?
   - (A) Dimanche
   - (B) Mardi
   - (C) Lundi
   - (D) Mercredi

10. Quel jour vient après jeudi?
   - (A) Vendredi
   - (B) Mercredi
   - (C) Jeudi
   - (D) Samedi

Exercice de révision 6

Réponds aux dix questions ci-dessous.

1. Quel mois vient après janvier?
   - (A) Février
   - (B) Mars
   - (C) Avril
   - (D) Mai

2. Quel mois vient après septembre?
   - (A) Mai
   - (B) Juin
   - (C) Octobre
   - (D) Novembre

3. Quel mois vient avant novembre?
   - (A) Décembre
   - (B) Octobre
   - (C) Septembre
   - (D) Août

4. Quel mois vient avant juillet?
   - (A) Mai
   - (B) Août
   - (C) Juin
   - (D) Septembre

5. Quel mois y a-t-il entre mars et mai?
   - (A) Avril
   - (B) Février
   - (C) Juin
   - (D) Juillet

6. Quel mois y a-t-il entre juillet et septembre?
   - (A) Août
   - (B) Octobre
   - (C) Juin
   - (D) Mai

7. Quel est le septième mois de l'année?
   - (A) Juillet
   - (B) Juin
   - (C) Mai
   - (D) Août

8. Quel est le douzième mois de l'année?
   - (A) Décembre
   - (B) Octobre
   - (C) Novembre
   - (D) Septembre

9. Quel mois compte seulement 28 jours (ou 29, les années bissextiles)?
   - (A) Avril
   - (B) Mars
   - (C) Janvier
   - (D) Février

10. Il y a ______ mois dans une année.
    - (A) 11
    - (B) 10
    - (C) 12
    - (D) 9

Feuille-réponses

Exercice de révision 1	Exercice de révision 2	Exercice de révision 3
1. (A) (B) (C) (D)	1. (A) (B) (C) (D)	1. (A) (B) (C) (D)
2. (A) (B) (C) (D)	2. (A) (B) (C) (D)	2. (A) (B) (C) (D)
3. (A) (B) (C) (D)	3. (A) (B) (C) (D)	3. (A) (B) (C) (D)
4. (A) (B) (C) (D)	4. (A) (B) (C) (D)	4. (A) (B) (C) (D)
5. (A) (B) (C) (D)	5. (A) (B) (C) (D)	5. (A) (B) (C) (D)
6. (A) (B) (C) (D)	6. (A) (B) (C) (D)	6. (A) (B) (C) (D)
7. (A) (B) (C) (D)	7. (A) (B) (C) (D)	7. (A) (B) (C) (D)
8. (A) (B) (C) (D)	8. (A) (B) (C) (D)	8. (A) (B) (C) (D)
9. (A) (B) (C) (D)	9. (A) (B) (C) (D)	9. (A) (B) (C) (D)
10. (A) (B) (C) (D)	10. (A) (B) (C) (D)	10. (A) (B) (C) (D)

Exercice de révision 4	Exercice de révision 5	Exercice de révision 6
1. (A) (B) (C) (D)	1. (A) (B) (C) (D)	1. (A) (B) (C) (D)
2. (A) (B) (C) (D)	2. (A) (B) (C) (D)	2. (A) (B) (C) (D)
3. (A) (B) (C) (D)	3. (A) (B) (C) (D)	3. (A) (B) (C) (D)
4. (A) (B) (C) (D)	4. (A) (B) (C) (D)	4. (A) (B) (C) (D)
5. (A) (B) (C) (D)	5. (A) (B) (C) (D)	5. (A) (B) (C) (D)
6. (A) (B) (C) (D)	6. (A) (B) (C) (D)	6. (A) (B) (C) (D)
7. (A) (B) (C) (D)	7. (A) (B) (C) (D)	7. (A) (B) (C) (D)
8. (A) (B) (C) (D)	8. (A) (B) (C) (D)	8. (A) (B) (C) (D)
9. (A) (B) (C) (D)	9. (A) (B) (C) (D)	9. (A) (B) (C) (D)
10. (A) (B) (C) (D)	10. (A) (B) (C) (D)	10. (A) (B) (C) (D)

Corrigé

Page 4

1. 1 h
2. 9 h
3. 6 h
4. 8 h
5. 11 h
6. 4 h
7. 3 h
8. 12 h
9. 5 h
10. 10 h
11. 2 h
12. 7 h

Page 5

1. A
2. C

Page 6

1. D
2. B

Page 7

1. A
2. C

Page 8

Écris l'heure. 10 h
Écris l'heure. 5 h
Écris l'heure. 7 h
Dessine les aiguilles comme elles sont quand tu te réveilles le matin.
Dessine les aiguilles comme elles sont quand tu vas te coucher le soir.

Dessine la grande et la petite aiguille. 6 h
Dessine la grande et la petite aiguille. 9 h
Dessine la grande et la petite aiguille. 3 h
Dessine les aiguilles comme elles sont quand tu pars pour l'école le matin.
Dessine les aiguilles comme elles sont quand tu manges le midi.

Page 9

1. 5 h
2. 4 h
3. 9 h
4. 7 h
5. 2 h
6. 6 h

Page 10

1. 1 h
2. 8 h
3. 12 h
4. 10 h
5. 4 h
6. 11 h

Page 11

1. D
2. A

Page 12

1. A
2. C

Page 13

1. 5
2. 7
3. 5
4. 4
5. 8
6. 3

Page 14

1. 6
2. 1
3. 2
4. 10
5. 3
6. 10

Page 15

1. 12 h 30
2. 7 h 30
3. 8 h 30
4. 4 h 30
5. 9 h 30
6. 10 h 30

Page 16

1. C
2. B
3. D
4. C

Page 17

1. B
2. B
3. A
4. D

Page 18

1. 
2.
3.
4. 
5. 
6. 

Page 19

1. B
2. B
3. C
4. C

Page 20

1. B
2. A
3. D
4. B

Page 21

1. B
2. D
3. D
4. A

Page 22

1. A
2. C
3. A
4. A

Page 23

1. B
2. C
3. A
4. C

Page 24

1. 
2. 
3. 
4. 
5. 
6.

Page 25

1. 
2. 
3. 
4.
5. 
6. 

Page 26

1. 9 h 35
2. 10 h 50
3. 5 h 15
4. 3 h 25
5. 12 h 10
6. 2 h 40

Page 27

1. 9 h 55
2. 9 h 10
3. 5 h 40
4. 3 h 5
5. 10 h 20
6. 2 h 20

Corrigé

Page 28

1. 6 h 10
2. 1 h 50
3. 1 h 40
4. 4 h 10
5. 2 h 40
6. 7 h 20

Page 29

1. 2 h 50
2. 1 h 20
3. 11 h 25
4. 9 h 20
5. 3 h 30
6. 10 h 25

Page 30

1. 2 h 30
2. 3 h
3. 3 h 30
4. 4 h; 4 h 30

Page 31

1. du soir
2. du matin
3. du matin
4. du soir
5. 2
6. 3
7. 16 h 15
8. 15 h 30

Page 32

1. 16 h à 18 h
2. 15 livres
3. 8 h à 10 h
4. 10 h à 12 h et 12 h à 14 h
5. 25 livres

Page 33

1. 18 h 45
2. 12 h 15
3. 1 heure et 15 minutes
4. 16 h
5. 14 h 30
6. 20 h
7. 2 heures et 30 minutes

Page 34

1. Un samedi
2. Le 16 février
3. 4 cours
4. Un lundi, le 20 février
5. Le 29 février

Page 35

1. C
2. D

Page 36

1. B
2. B

Page 37

1. B
2. D

Page 38

1. D
2. D

Page 39

1. du matin
2. de l'après-midi
3. de l'après-midi
4. de l'après-midi
5. de l'après-midi
6. du matin
7. du soir
8. du matin

Page 40

1. A
2. C
3. B
4. C
5. A
6. B
7. D
8. A
9. A
10. B

Page 41

1. B
2. B
3. B
4. C
5. C
6. C
7. D
8. D
9. B
10. A

Page 42

1. B
2. C
3. D
4. C
5. D
6. C
7. C
8. B
9. B
10. B

Page 43

1. B
2. D
3. C
4. A
5. B
6. C
7. A
8. D
9. A
10. A

Page 44

1. A
2. B
3. C
4. B
5. A
6. A
7. C
8. B
9. A
10. A

Page 45

1. A
2. C
3. B
4. C
5. A
6. A
7. A
8. A
9. D
10. C